REVUE ARCHÉOLOGIQUE

PUBLIÉE SOUS LA DIRECTION

DE MM.

G. PERROT ET S. REINACH

MEMBRES DE L'INSTITUT

SEYMOUR DE RICCI

STATUES ANTIQUES INÉDITES DE MUSÉES ITALIENS

PARIS
ERNEST LEROUX, ÉDITEUR
28, RUE BONAPARTE (VIe)

1906

STATUES ANTIQUES INÉDITES
DE MUSÉES ITALIENS

[1906, II, p. 372-389].

STATUES ANTIQUES INÉDITES
DE MUSÉES ITALIENS

Le *Répertoire de la Statuaire grecque et romaine* de M. Salomon Reinach n'a pas été constitué suivant le système topographique. L'auteur y a réuni toutes les statues dont il a trouvé, ou

Musée de Turin n° 2. Statue de Tibère.

dont il a pu faire exécuter des reproductions, sans s'inquiéter en général, sauf pour quelques collections, comme le Louvre, de savoir si le *Répertoire* contenait *toutes* les statues antiques que renfermait un musée donné. Pour les trop rares galeries qui ont publié, jusqu'à présent, un catalogue avec illustration intégrale, la question ne se présentait pas. Mais pour la majorié des musées, il convenait, afin de compléter le *Répertoire*, de les visiter, le volume en mains, et de photographier à petite échelle la totalité des marbres antiques ne figurant pas au *Répertoire de la Statuaire*.

Armé d'une simple photo-jumelle ($0^m,065 \times 0^m,09$), il me fut possible, au cours d'une mission épigraphique en Italie, accomplie en 1904 pour le compte de l'École Française d'Athènes, de photographier environ deux cents marbres antiques, dans sept villes différentes.

M. Paride Weber a bien voulu, avec son habileté coutumière, transformer en élégants dessins au trait mes clichés minuscules et retoucher les quelques photographies reproduites ici en simigravure.

I. — Turin.

Le musée des antiquités de Turin renferme un nombre considérable de marbres antiques inédits. J'en ai photographié en mai 1904 une cinquantaine, presque tous décrits dans le t. IV de Dütschke[1], où l'on trouvera, de plus (p. VII-XIV), une histoire sommaire de la collection. Le *Répertoire de la Statuaire*, qui reproduit de nombreux bronzes du musée de Turin, ne publie qu'une seule statue en marbre en dehors des quelques sculptures dessinées autrefois aux frais de Clarac. Pour la classification de ces statues je suivrai l'ordre de Dütschke (D); je n'en donnerai de description détaillée que lorsque le savant allemand n'a pas connu le marbre, ou quand sa description mérite d'être complétée sur quelque point. J'ai énuméré soigneusement toutes les statues citées par Dütschke et que j'ai omis de photographier :

1. Hans Dütschke, *Antike Bildwerke in Oberitalien*, t. IV (Leipzig, 1880, in-8°), p. 1-121.

c'est du travail tout préparé pour le premier archéologue qui passera par Turin.

1, 2. Je ne reproduis ici que pour mémoire l'Auguste et le Tibère, statues bien connues (D. p. 1-4, n. 1-2) et publiées déjà par Clarac, *Rép.*, I, 565, 3 et 567, 5.

3 (D. p. 36-37, n. 49) Eros nu (h. 1^{m},72). Manque dans mes clichés.

4 (D. p. 37-38, n. 51). Statue de grandeur naturelle d'un

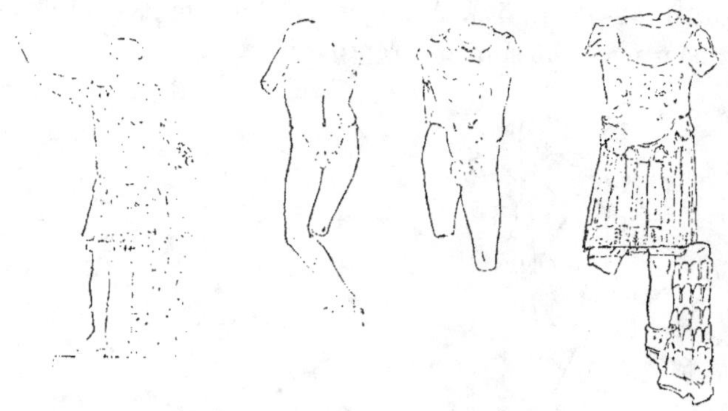

Musée de Turin n°s 1, 4, 6, 7.
Statue d'Auguste; deux torses virils; statue de Claude.

jeune dieu nu (selon Dütschke, un Satyre). Manquent l'avant-bras droit, le bras gauche, la tête, le pied droit, la jambe gauche en dessous du genou. On a fait disparaître, depuis l'époque de Dütschke, les restaurations maladroites qui défiguraient cette statue.

5 (D., p. 38-39, n. 53). Statue d'Athéna (H. 1^{m},30). Paraît manquer dans mes clichés.

6 (D., p. 39, n. 54). Statue d'un jeune homme debout, n'ayant pour vêtement que la chlamyde, retombant en arrière jusque sur le tronc d'arbre auquel le jeune homme est adossé. Était surmontée autrefois d'une tête rapportée ressemblant à Marc Aurèle. Je n'ai pas reproduit le bas des jambes (au dessous du

genou gauche et au-dessus du genou droit) qui m'a paru, ainsi qu'à Dütschke, une restauration moderne.

7 (D., p. 39-41, n. 55). Belle statue cuirassée de l'Empereur Claude, découverte à Suse et reproduite (très restaurée) dans *Rép.* II, 577, 6. Je la donne sans les restaurations, qu'on a d'ailleurs récemment supprimées. La tête antique existe, mais n'a pas encore été remise sur la statue.

8 (D., p. 42, n. 56). Groupe de Pan et de Daphnis? (H. 1^{m},42). Paraît manquer dans mes clichés.

9 (D., p. 42-43, n. 57). Asklêpios plutôt que Zeus. Les pieds sont modernes et ne sont pas reproduits ici.

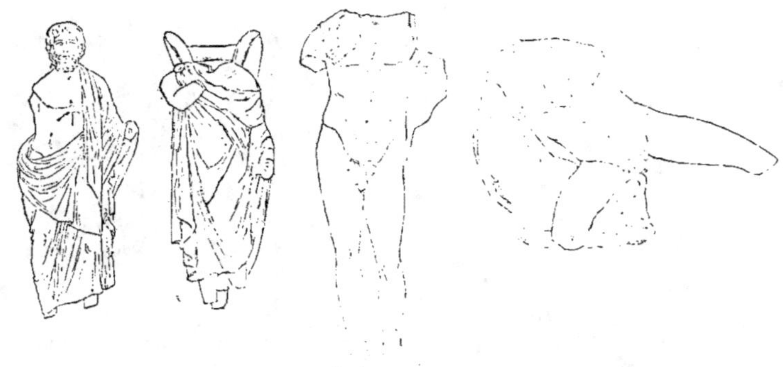

Musée de Turin nos 9, 10, 13, 14. Asklépios, Eros, Dionysos, Silène.

10 (D., p. 43, n. 58). Torse d'Eros revêtu d'une longue chlamyde laissant à nu le côté droit.

11 (D., p. 43-44, n. 59). Torse d'Héraklès jeune ou, selon Dütschke, de Thésée. Paraît manquer dans mes clichés.

12 (D., p. 44, n. 60). Statuette d'Artémis drapée, en *verde antico* (H. 0^{m},80). Paraît manquer dans mes clichés.

13 (D., p. 44-45, n. 61). Statue de Dionysos nu, une peau de panthère sur l'épaule. On a supprimé aujourd'hui les restaurations que signalait Dütschke.

14 (D., p. 45, n. 62). Torse de Silène agenouillé, étreignant une outre.

15 (D., p. 45, n. 65). Statue d'un Niobide mort, étendu sur le dos (L. 1m,33). Même type que *Rép.*, I, 314, 5 et 315, 2 et 3. Paraît manquer dans mes clichés.

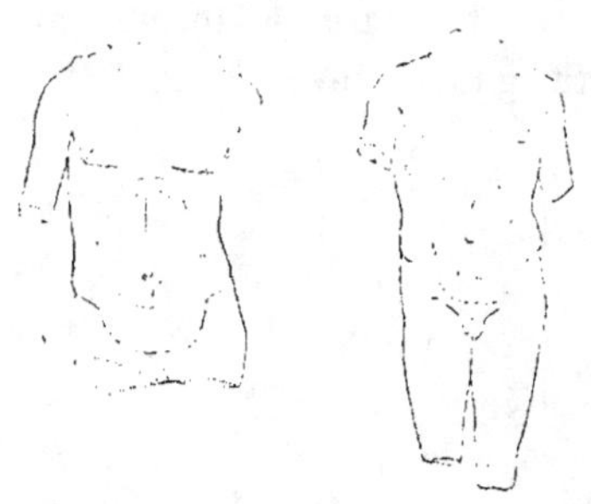

Musée de Turin nos 16 et 17. Torses de Dionysos.

16 (D., p. 46, n. 66). Torse de Dionysos nu, avec des restes de boucles retombant sur les épaules.

17 (D., p. 46, n. 67). Torse de Dionysos reconnaissable aux deux boucles qui retombent sur les épaules. Il est surmonté d'une fort jolie tête de femme d'époque romaine.

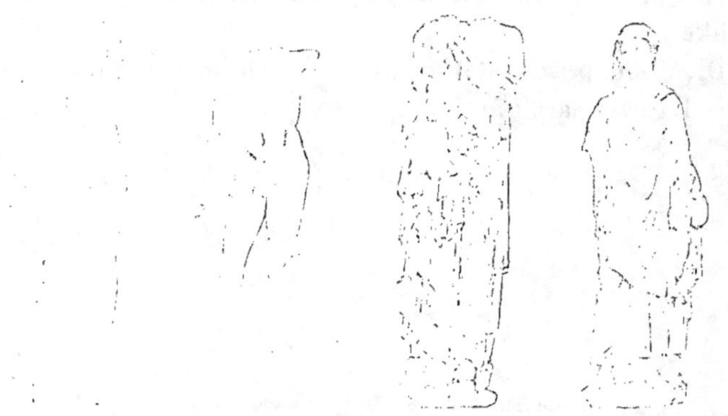

Musée de Turin nos 19, 21, 22, 30. Artémis, Hermès, Heure (?), Heure (?).

18 (D., p. 46, n. 68). Torse d'Apollon revêtu d'une chlamyde. Paraît manquer dans mes clichés.

19 (D., p. 46-47, n. 69). Torse d'Artémis drapée.

20 (D., p. 47, n. 70). Torse de Priape tenant trois enfants dans les plis de sa tunique. Manque dans mes clichés. Même type que *Rép.*, II, 74, 8 et 9 (ce dernier peut-être celui de Turin ?).

21 (D., p. 48-49, n. 74). Statue d'Hermès nu debout, le bras droit pendant, le bras gauche levé.

Musée de Turin nos 23 et 24. Aphrodite, Hermès.

22 (D., p. 49, n. 75). Statue drapée d'une *Heure* (Ὧρα, selon Dütschke).

23 (D., 49-50, n. 76). Statue d'Aphrodite le torse nu, les jambes drapées. La base paraît antique.

Musée de Turin n° 25. Eros endormi.

24 (D., p. 50, n. 77). Statue d'Hermès revêtu seulement d'une chlamyde ; très fortement restaurée.

25 (D., p. 50-51, n. 78). Statue d'Eros endormi couché sur une peau de lion.

26 (D., p. 51, n. 79). Torse d'une Aphrodite (type Médicis). Paraît manquer dans mes clichés.

27 (D., p. 52, n. 80). Très beau torse en basalte vert d'une Amazone du type Mattei, c'est-à-dire, selon M. Furtwängler [1], du type de l'Amazone de Phidias. M. Michaelis mentionne le torse de Turin sous la lettre ε dans la liste qu'il a publiée des statues d'Amazones (*Jahrbuch arch. Inst.*, I, 1886, p. 20). On s'étonne que ce beau morceau, souvent cité, n'ait jamais encore fait

Musée de Turin n° 27. Torse d'amazone en basalte.

l'objet d'une publication. M. Fürtwängler a remarqué que la rareté de la matière employée a obligé le sculpteur de réduire d'un quart (environ) la dimension de la statue qui lui servait de modèle.

28 (D., p. 52, n. 81). Statuette d'un cavalier (H. $1^{m},04$). Paraît manquer dans mes clichés.

29 (D., p. 53, n. 82). Statue d'un athlète versant de l'huile, pareil à *Rép.*, I, 522, 2. Paraît manquer dans mes clichés.

30 (D., p. 54, n. 83). Statue d'une *Heure* (l'Hiver, selon Dütschke), faisant pendant au n. 22. Elle tient dans la main gauche deux colombes.

31 (D., p. 54-55, n. 84). Statuette d'un Eros endormi (L. $0^{m},69$). On trouvera une excellente reproduction de ce joli marbre de la Renaissance dans Fritz Knapp, *Michel-Angelo* (Stuttgart,

(1) *Masterpieces*, p. 138, note 2.

1906, in-4°), p. 155. C'est M. Konrad Lange qui a le premier refusé d'y voir un marbre antique : il croyait, non sans vraisemblance, devoir y reconnaître un original de Michel-Ange (Konrad Lange, *Der schlafende Amor des Michelangelo*, Leipzig, 1898).

32 (D., p. 55-56, n. 85). Héraklès enfant étouffant les serpents. Reproduit assez bien dans Clarac (*Rép.*, I, 461, 5).

Musée de Turin n° 33. Aphrodite.

33 (D., p. 56, n. 86). Torse médiocre d'une Aphrodite du type Médicis.

34 (D., p. 56-57, n. 87). Statue acéphale d'éphèbe que Dütschke compare avec vraisemblance au *Betende Knabe* de Berlin (*Rép.*, I, 459, 2-4).

35 (D., p. 57, n. 88). Statue acéphale d'Athéna drapée, debout, avec l'égide sur la poitrine.

Musée de Turin nos 34, 35, 36, 39. Ephèbe, Athéna, Athéna, homme assis.

36 (D., p. 64, n. 96). Statue colossale d'Athéna (H. 2m,18) en marbre blanc, découverte en Égypte.

37 (D., p. 65, n. 97). Beau torse viril en marbre, également découvert en Égypte.

38 (D., p. 66-67, n. 103). Pied votif en marbre blanc trouvé en Égypte et analogue à celui de Florence et à ceux d'Alexandrie

(*Rép.*, II, 20, 4 et 6-7)[1]. J'ai vu un autre pied analogue dans le commerce au Caire en février 1905. La reproduction ci-dessous est d'après un croquis et non une photographie.

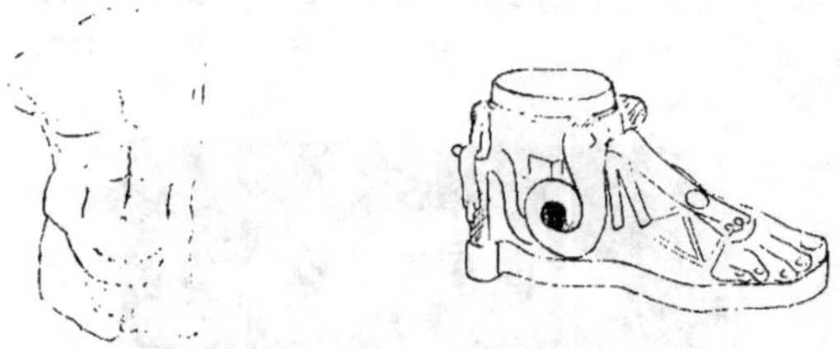

Musée de Turin nos 37 et 38. Torse viril et Pied votif.

39 (D., p. 67-68, n. 105). Statue d'un homme assis, trouvée vers 1820 à Alexandrie en creusant le canal Mahmoudieh. Dütschke en donne une bonne description ; mais sa bibliographie de l'inscription *CIG.* 4684 gravée sur la base est très loin d'être complète. Voici quelques renvois additionnels : Scholz, *Reise in*

Musée de Turin n° 40. Autel alexandrin.

Aegypten (1822), p. 94 ; Cordero di San Quintino, *Giornale Arcadico*, août 1823, p. 206 ; Raoul-Rochette, *Journal des Savants*, novembre 1824, p. 694 ; Letronne, *Bulletin Férussac*, II, p. 262 ; Gau, *Antiquités de la Nubie*, *Inscr.*, pl. X, n. 27 ; Froehner, *Inscr. grecques du Louvre*, p. 178 (d'après le *CIG.*) ; Lumbroso, *Mem. Accad. Lincei*, III (1879), p. 509 = *Descrittori italiani dell'*

1. Cf. Amelung, *Revue arch.*, 1903, II, p. 190-191 ; à ajouter à sa liste le fameux *piè di marmo* de Rome qui provient de l'Iséum du Champ-de-Mars.

Egitto e di Alessandria (Rome, 1879, 4°), p. 83 (d'après Scholz); Διμιτσας, Ἱστορία τῆς Ἀλεξανδρείας, p. 751 (d'après le *CIG.*). Dittenberger, *Orientis inscr.* II, p. 436-437, n. 699 (d'après le *CIG.*).

Quant à la statue, elle représente un homme assis flanqué à droite et à gauche de deux divinités debout, de dimension infé-

Musée de Turin n° 41. Torse impérial en porphyre rouge.

rieure. La statue centrale est malheureusement fort mutilée et la tête en est si endommagée qu'on ne peut que supposer qu'il s'agit d'un Sérapis assis. Les deux divinités latérales sont adossées à deux colonnes autour desquelles s'enroulent les replis du corps de deux serpents. De la divinité de droite il ne reste que les pieds chaussés de sandales à la grecque. Celle de gauche, mieux conservée, est un homme nu, debout, à tête de cynocéphale coiffé du disque et du croissant superposés.

40 (D., p. 68-69, n. 106). Autel avec quatre figures groupées autour d'une colonne et l'inscription Πρωτυτος τεχνη εργαστηριαρχου sur la base (*CIG.*, 4698). Ajouter à la bibliographie de Dütschke: Raoul-Rochette, *Monuments inédits*, III (*Odyssée*), p. 326, n. 1; Cordero di San Quintino, *Giornale Arcadico*, août 1823, p. 207; Overbeck, *Schriftquellen* (1868), n. 2303 (d'après Brunn); G.

Musée de Turin n°s 43, 44, 45, 46. Statuettes d'Athéna, Déméter, Apollon et femme drapée.

Hirschfeld, *Tituli statuariorum* (1871), n. 165; Loewy, *Inschr. gr. Bildhauer* (1885), p. 257, n. 363 (de seconde main); Welcker, *Rheinisches Museum*, III (1845), p. 463-464; Lumbroso, *Documenti greci del museo di Torino*, p. 11.

41 (D. p. 69-70, n. 107). Torse en porphyre rouge (0^m,86) provenant d'Égypte. Le personnage figuré est un empereur cuirassé, le paludamentum sur l'épaule gauche et l'épée courte au côté. Cette œuvre remarquable rentre dans une série de sculptures que M. Strzygowski a récemment étudiées et dont il a réussi, semble-t-il, à établir la date et la provenance.

Les deux guerriers de S. Marc de Venise [1] présentent avec le torse de Turin les plus frappantes analogies : c'est la même ornementation de la cuirasse, la même épée, presque le même geste ; sur la grande statue impériale assise en porphyre du

1. Venturi, *Storia dell' arte italiana*, I, p. 178.

musée d'Alexandrie, ce sont encore les mêmes motifs de décoration. Il semble que ce soit avec raison que M. Strzygowski attribue ces sculptures en porphyre, ainsi que quelques autres du même genre (sarcophages de Rome, Constantinople, Alexandrie; colonnes à bustes impériaux au Louvre et au Vatican;

Musée de Turin n° 53. Prêtresse d'Isis.

buste de Maximien au Caire, etc.) à l'art égyptien de l'époque de la tétrarchie et de la période constantinienne[1].

1. Strzygowski, *Orient oder Rom*, p. 75-80; le même, *Orient oder Rom. Stichprobe : die Porphyrgruppen von S. Marco in Venedig*, dans *Beiträge zur*

42 (D., p. 97, n. 181). Statuette d'Athéna (H. 0^{m},32). Paraît manquer dans mes clichés.

43 (D., p. 97, n. 182). Statuette d'Athéna (H. 0^{m},42). La tête et les bras sont modernes.

44 (D., p. 97-98, n. 183). Statuette de Déméter (H. 0^{m},35). Sont restaurés : le bras droit, la main gauche, les pieds et la base.

45 (D., p. 98, n. 184). Statuette d'Apollon, petite copie de l'*Apollino* de Florence (*Rép.*, I, p. 242). Le torse seul est antique.

46 (D., p. 98, n. 185). Statuette acéphale de femme drapée.

Musée de Turin n°s 56 et 57. Télesphore. Torse juvénile.

47 (D., p. 98, n. 186). Torse d'une statuette de femme drapée. Non reproduite ici, mon cliché étant insuffisant.

48 (D., p. 98, n. 187). Statuette d'Eros (H. 0^{m},43), que je n'ai pas photographiée.

49, 50 (D., p. 98, n. 188 et 189). Deux petits torses d'Aphrodite nue (pas dans mes clichés).

51 (D., p. 98, n. 191). Statuette d'un homme nu, la chlamys sur l'épaule. Le torse seul subsiste ; il y avait des restaurations que Dütschke indique. (Mon cliché est trop médiocre pour être reproduit).

52 (D., p. 98-99, n. 192). Statuette (H. 0^{m},53) d'une Muse. Assez joli travail. La tête, rapportée, est peut-être antique. Mon cliché est malheureusement trop faible pour être reproduit.

alten Geschichte, II (1902), p. 105-124 ; le même, *Catal. du musée du Caire : Koptische Kunst*, p. 3-7.

53 (D., p. 99, n. 193). Statuette d'Isis ou plutôt d'une prêtresse d'Isis, d'un joli mouvement. C'est à tort, comme on peut en juger par la reproduction ci-jointe, que Dütschke la dit très mal

Musée de Turin n° 58. Hermès.

conservée et d'un mauvais travail. On la comparera non sans intérêt avec une statue de Metz (*Rép.* III, 199, 9), que je crois également isiaque et que vient de republier et d'étudier M. Michaelis[1].

54 (D., p. 99, n. 195). Statuette (H. 0^m,36) d'un guerrier romain (un général ou un empereur) debout, triomphant d'un barbare barbu agenouillé à ses côtés.

55 (D., p. 99, n. 197). Statuette mutilée (H. 0^m,30) d'une triple Hécate. Mes clichés des n°s 54 et 55 étaient insuffisants pour la reproduction.

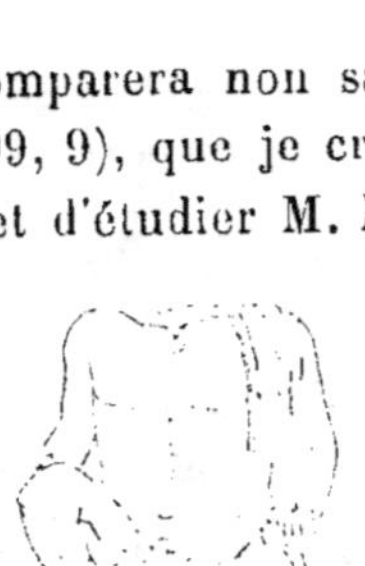

Musée de Turin n° 59. Statue alexandrine.

Les statues suivantes m'ont paru ne pas avoir été, comme les précédentes, décrites par Dütschke : elles seraient donc non seulement inédites, mais encore inconnues, puisque je n'en ai trouvé aucune mention, ni

1. Ad. Michaelis, *Eine Frauenstatue pergamenischen Stils im Museum z Metz*, dans *Jahrbruch der Gesellschaft für lothringische Geschichte und Altertumskunde*, t. XVII, 1 (1905), p. 213-240 et pl. I-IV.

dans le *Répertoire de la statuaire*, ni dans aucun des ouvrages ou périodiques que j'ai eu l'occasion de dépouiller[1].

56 (H. env. $0^m,28$). Statuette de Télesphore analogue à celles figurées dans *Rép.*, I, 148, 5-6; II, 469, 10-11 et 470, 1, 4, 5; III, 13, 2 et parmi lesquelles il y a plusieurs bronzes.

57. Torse praxitélien (marbre blanc) d'un jeune homme. Analogue comme attitude à l'Eros de Naples (*Rép.*, I, 357, 3).

58 (H. env. $1^m,55$). Statue en marbre blanc d'Hermès nu debout, le poids du corps portant sur la jambe droite. Sur son épaule gauche est fixée par une agrafe une chlamyde qui retombe sur le bras gauche. Manquent le bras droit et la main gauche qui tenait le caducée. La tête, rapportée, paraît antique. Comparer *Rép.*, I, 366, 8 et 367, 4 et 7; II, 149, 9; 155, 6; 591, 4; etc.

Musée de Turin n° 60. Aphrodite.

59 (H. env. $0^m,85$). Statue acéphale, trouvée en Égypte, d'un personnage assis sur le sol à la manière orientale, les jambes croisées, le pied gauche ramené sous le genou droit, qui est beaucoup plus élevé que le genou gauche. Il est vêtu d'une chlamyde retombant sur l'épaule gauche et dont un pan est étalé sur ses cuisses. Ses deux mains sont étendues en avant; la main droite a disparu; la gauche tient un objet indéterminé. La base est formée par un dé octogonal sans moulures, dont les pans coupés sont ornés de petits personnages en bas-relief, assez peu distincts. Il est à peine besoin de faire remarquer la singularité d'une œuvre pareille dont l'authenticité est d'ailleurs absolument certaine. On songe à quelque scribe égyptien copié par un sculpteur alexandrin. En dehors des Cernunnos gallo-romains, l'art classique ne connaît pas de personnages dans cette posture orientale.

60. Partie supérieure d'une petite statue d'Aphrodite pudique, qui n'a d'autre mérite que d'avoir conservé sa tête.

1. Pendant l'impression de cet article les article les nos 53, 66 et 71 ont été publiés en photogravure par M. Wace, *Journal of hellenic studies* t. XXVI, 1906, p. 235-242.

61 (H. env. 1m,65). Bonne statue en marbre d'une Abondance; il en existe des répliques au Capitole (*Rép.*, II, 247, 3) et à Venise (*ibid.*, 249, 6). Ces deux statues n'ont pas sur la tête, comme le marbre de Turin, un voile retombant sur les épaules ; mais ce voile se retrouve sur une troisième statue presque semblable (*Rép.*, I, 225, 3).

62 (H. env. 1m,10). Statue acéphale de femme drapée ; le style sévère de la draperie en longs plis raides et parallèles montre

Musée de Turin nos 61, 62, 63, 64. Statues antiques mutilées.

que c'est la copie d'une œuvre archaïque dont j'ai cherché en vain une autre réplique. Les bras manquent.

63. Fragment mutilé de la partie supérieure d'une statue de femme drapée et voilée.

64. Statue, grandeur nature, d'un Romain drapé dans sa toge. Manquent la tête, les bras, le bas de la jambe droite, le pied gauche. C'est probablement la statue publiée dans Clarac (*Rép.*, I, 556, 6), avec des restaurations.

65. Torse d'une Aphrodite nue dans laquelle la main droite, au lieu d'être portée devant la poitrine, est étendue en avant (cf. ce motif peu commun dans *Rép.*, II, 351, 1, 2 et 353, 1, 5).

66. Statue acéphale d'un jeune homme nu, de formes très élancées ; sur son épaule droite passe une chlamyde qui lui retombe

dans le dos et le long de son flanc droit; la jambe droite portée en avant de la gauche est brisée au-dessus du genou. Au dessus

Musées du Turin nos 65, 66, 67, 68.

de l'aîne droite, une cavité rectangulaire allongée marque la place d'un tenon.

Il s'agit évidemment d'un Ganymède analogue à ceux que re-

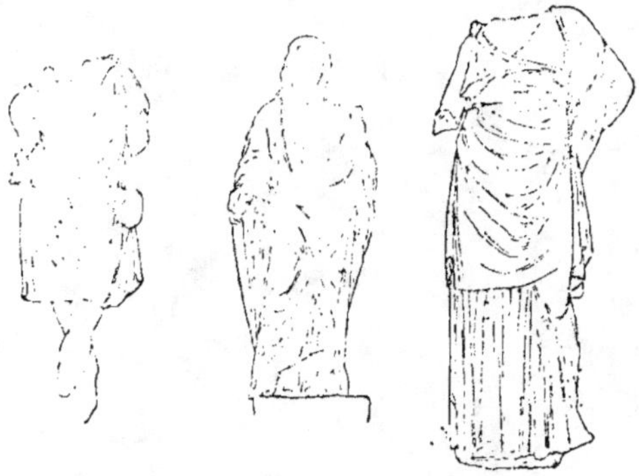

Musée de Turin nos 69, 70, 71. Artémis, Abondance? Athéna.

produit le *Répertoire* I, 185, 5; 192, 2 etc. Le tenon marque la place où s'adaptait la griffe de l'aigle.

67. Statue d'une femme drapée et voilée, debout, les deux mains tendues en avant. La tête est rapportée, les mains man-

quent. Le style de la draperie indique un original du ve siècle.

68. Statue médiocre, fortement restaurée, d'une femme drapée ; la main gauche levée se porte vers la tête ; de la main droite elle retient un pan de sa tunique. La tête, couronnée de lauriers, semble moderne.

69. Statuette d'Artémis debout, la jambe gauche croisée sur la droite dans la même pose que *Rép.*, II, 315, 4, 5, 6 et 9.

70. Statue médiocre d'une femme drapée. L'attribut que tient la main gauche est une restauration moderne.

71. Statue acéphale d'une femme drapée dans une longue tunique et dans un himation qui laisse à nu le bras droit et recouvre complètement le bras et la main gauche posée sur la hanche. Motif gracieux et bien exécuté[1].

1. M. Wace *l. c.* a montré que c'était une Athéna de l'école de Praxitèle, dont M. Amelung lui a signalé treize autres repliques dans diverses collections (*Rép.* I, 229, 6 ; 232, 5 ; 235, 7 ; 236, 1 ; 237, 4 ; 238, 4 ; 291, 6 ; II, 292, 8 et 679, 7 etc.).

Angers. — Imp. A. BURDIN et Cie, 4, rue Garnier.

ANGERS. — IMPRIMERIE A. BURDIN ET Cie, 4, RUE GARNIER.

www.ingramcontent.com/pod-product-compliance
Lightning Source LLC
La Vergne TN
LVHW020010170826
845677LV00022B/1081

* 9 7 8 2 3 2 9 6 3 6 4 0 5 *